La Gloire de l'Écosse

par
Patrick Laughlin

Table des Matières

Jarrold Publishing, Norwich

Introduction

Définir la splendeur de l'Ecosse, c'est tenter l'impossible. Aucun pays de cette taille n'évoque avec autant de force et de passion les paysages, l'histoire et la culture, et peu de nations inspirent en leur peuple un sentiment aussi profond.

On dit que la splendeur de l'Ecosse est dans son paysage. La nature y a sculpté, dans des rochers parmi les plus vieux connus de l'homme, un paysage qui passe souvent pour le plus beau du monde: les Highlands. Si d'autres pays ont des sommets plus hauts, des lacs plus profonds et des vallées plus larges, ici, le mélange unique de montagnes, de lochs et de glens ne cesse d'enchanter.

Pour certains, la splendeur de l'Ecosse est dans son histoire. Malgré les invasions romaines, les Vikings et les Anglais, l'Ecosse n'a jamais été tout à fait conquise, et a toujours défendu une certaine indépendance. La survivance, en cette époque plus paisible, d'innombrables châteaux et champs de bataille, et le souvenir romantique et poignant de Robert Bruce, de Marie Stuart et du prince Charles Edward Stuart, témoignent de plusieurs siècles de guerres sanglantes et de luttes intestines.

Pour d'autres, la splendeur de l'Ecosse est dans ses gens. Les Ecossais sont fiers de leur pays, sans fanatisme; entreprenants et inventifs – comme le sait quiconque regarde la télévision, écoute la radio ou pédale sur des routes goudronnées; créatifs en littérature, en art et en musique; et, surtout, célèbres par leur chaleur et leur hospitalité.

Pour d'autres encore, la splendeur de l'Ecosse est dans sa culture; non seulement les emblèmes écossais traditionnels tels le haggis, la bruyère et la cornemuse – si puissants soient-ils – mais une culture vivante, dynamique, qui a influencé le monde entier. Qui n'a dégusté un whisky d'Ecosse, manié une crosse de golf, ou porté un tissu écossais?

Peut-être la splendeur de l'Ecosse est-elle dans sa diversité: de climat, certainement – on dit, non sans raison, qu'on peut y rencontrer les quatre saisons en un seul jour; de langue, car le gaélique est encore répandu dans les Highlands et les îles; d'accent aussi – les Ecossais de régions différentes parlent la forme la plus pure comme la plus inintelligible (pour certains) de l'anglais; ou de mode de vie, le bruit et l'entrain des grandes villes des Lowlands contrastant avec le calme d'une fermette des Highlands.

Aussi indéfinissable que soit la splendeur de l'Ecosse, notre court voyage évoquera, au moins en partie, ce qui fait l'âme de ce pays remarquable.

Elgol, sur l'île de Skye, dominé par les Cuillins

Les Borders

Pour les visiteurs venus du monde entier, les Borders sont une première image, un avant-goût de l'Ecosse. Et pourtant, beaucoup se contentent de traverser à la hâte cette région charmante, pressés d'atteindre les beautés plus familières d'Edimbourg et, plus loin, des Highlands.

Tout est calme en ce pays de douces collines et de terres fertiles. On a peine à croire qu'il fut, pendant des siècles, le territoire peut-être le plus disputé du monde. Mais quiconque veut bien faire une courte escale pour explorer les Borders découvrira un patrimoine historique étonnamment riche, et des habitants aimables qui, malgré la proximité de l'Angleterre, s'enorgueillissent d'être écossais.

La turbulente histoire des Borders ne saurait être mieux narrée que par ses monuments. Les plus célèbres sont les quatre superbes abbayes de Jedburgh, Melrose, Kelso, et Dryburgh. Fondées par David Ier, elles furent détruites et rebâties plusieurs fois pendant les siècles d'invasion anglaise et de résistance écossaise, pour tomber enfin en ruine après la Réforme.

Malgré ce passé commun, chacune a son charme propre: Jedburgh, la mieux conservée, fièrement dressée sur sa colline, entourée de sa ville historique; Melrose, dont les voûtes élancées abritent le coeur de Robert Bruce; Kelso, la plus riche – donc la plus saccagée; et la belle abbaye de Dryburgh à la pierre couleur de miel, dans son site romantique, au bord de la Tweed.

Si les abbayes ne furent pas bâties en vue des attaques et combats incessants des guerres des Borders, de nombreux châteaux et demeures fortifiées témoignent d'une époque de violences: la splendide Traquair House, où séjournèrent vingt-sept monarques; le château d'Hermitage, du quatorzième siècle, sinistre forteresse au passé sanglant; et, près de la ville touristique de Peebles, le château de Neidpath avec ses hauts murs, jadis assiégé par Cromwell. Mais il serait injuste d'attribuer aux seuls Anglais le passé houleux des Borders. Beaucoup de troubles et de crimes étaient le fait des 'Borders reivers' – voleurs de bétail dont les violentes querelles familiales duraient souvent des générations. Aujourd'hui, les grandes rivalités entre villes des Borders se règlent sur le terrain: nous sommes là au pays du rugby écossais.

Plusieurs villes des Borders revivent leur riche passé dans les fascinants spectacles annuels des 'common-ridings'. Ces pittoresques cérémonies attirent d'immenses foules. Des troupes de citadins parcourent à cheval les limites du bourg. Le 'casting of the colours' de Selkirk, en l'honneur du retour, en 1513, du seul survivant de la tragique bataille de Flodden, est un spectacle émouvant.

Avec un tel passé, comment s'étonner que Sir Walter Scott, romancier historique et amateur d'antiquités éminent, ait choisi d'habiter les Borders? Il s'y installa, baptisa sa maison Abbotsford en souvenir d'un monastère des environs, et la remplit de trésors écossais; c'est une des maisons les plus visitées du pays. Elle n'est pourtant pas la plus splendide des Borders. Durant les années de paix qui suivirent l'Union entre l'Ecosse et l'Angleterre, de riches propriétaires firent bâtir de vastes demeures. Le château de Floors, près de la jolie ville de Kelso, est une immense fantaisie architecturale; non loin de là, Mellerstain House est un parfait essai de style géorgien par William et Robert Adam. Bowhill, près de Selkirk, a un intérieur richement meublé; Manderston, maison de l'époque edwardienne, a un escalier en argent unique au monde.

L'industrie de la laine est depuis longtemps un moteur vital de l'économie des Borders, et plusieurs villes sont renommées pour la qualité de leurs tweeds et articles en laine. Le tissage était pratiqué depuis des siècles, mais c'est la Révolution Industrielle qui donna leur essor à des centres tels que Hawick et Galashiels. Les célèbres motifs bi-colores furent créés à Jedburgh, et ont, depuis, parcouru le monde. L'histoire de cette industrie – et de ses produits – peut être découverte dans plusieurs filatures et musées du 'Woollen Trail' des Borders.

L'abbaye de Jedburgh, du douzième siècle, superbement conservée

L'abbaye de Dryburgh, dans son site paisible

Le long de la côte du Berwickshire, les Borders montrent un tout autre visage. Là, la pêche et la contrebande, plutôt que l'agriculture et la maraude, étaient la règle. Eyemouth a encore un port commercial très actif, et les rochers et falaises autour de St Abbs Head abritent des milliers d'oiseaux de mer.

Plus au nord, les belles plages de l'East Lothian sont bordées par de nombreux terrains de golf, Muirfield étant le plus prestigieux. Les stations balnéaires et les golfs de Dunbar et du North Berwick ont le meilleur ensoleillement d'Ecosse, tandis que l'imposant château de Tantallon domine le Firth of Forth, face au curieux rocher de Bass Rock.

Vers l'intérieur, les riches terres de l'East Lothian sont parsemées de ravissants villages aux toits rouges, et le bourg géorgien de Haddington a un charme particulier.

On ne saurait trouver plus belle introduction aux splendeurs de l'Ecosse que les Borders.

Traquair House, une des demeures les plus chargées d'histoire en Ecosse

Au Common Riding de Selkirk, le porte-drapeau royal 'lance les couleurs'

Abbotsford, maison de Sir Walter Scott, sur les rives de la Tweed

La 'Vue de Scott' sur les Eildon Hills: le panorama favori des Borders

Floors Castle, la plus grandiose des demeures historiques des Borders

*Le musée et la galerie d'art
de Scott à Hawick*

*Les filatures des Borders sont fort prisées
des chasseurs de bonnes affaires*

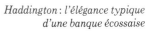

*Haddington : l'élégance typique
d'une banque écossaise*

*Tantallon Castle: vue s
le rocher de Ba*

Edimbourg

Edimbourg, capitale de l'Ecosse, est une des villes les plus racontées et les plus photographiées au monde. Ses horizons dramatiques, son atmosphère historique et son raffinement culturel laissent sur le visiteur une impression inoubliable.

Explorer Edimbourg à pied est un plaisir; la plupart des attractions sont contenues dans une zone centrale, clairement divisée entre la vieille et la nouvelle ville. Grâce aux nombreux points de repère, il est facile de s'orienter.

Le château, qui domine la ville, est un point de départ logique. Un château a surmonté cet énorme piton volcanique depuis la nuit des temps. Le château actuel rassemble divers bâtiments, tels la chapelle de la reine Margaret du onzième siècle, les appartements médiévaux abritant les joyaux de la couronne d'Ecosse, et des casernes plus modernes (encore utilisées). Du haut des remparts, on a une vue prodigieuse sur Edimbourg et les Lothians, le Fife et, plus loin, les Highlands.

En quittant le château par l'Esplanade, site du Tattoo militaire au mois d'août, on aborde une des rues les plus historiques d'Europe – le Royal Mile. Il s'agit en fait de quatre rues (Castlehill, Lawnmarket, High Street et Canongate) bout à bout, épine dorsale du vieil Edimbourg, dont chaque pierre est un morceau d'histoire. Bordée de hauts immeubles serrés les uns contre les autres, la rue pavée était un lieu de rencontre abritant le marché, les festivités et les exécutions publiques.

On y voit quantité d'attractions, mais malgré tous ses musées, églises et centres d'artisanat, le Royal Mile reste une rue vivante et laborieuse. Tout au bout, sous les sombres rochers de Salisbury et d'Arthur's Seat, se tient le palais de Holyroodhouse, résidence officielle des monarques écossais. Célèbre surtout grâce à Marie Stuart, le palais est aussi un bel exemple d'architecture de la Renaissance.

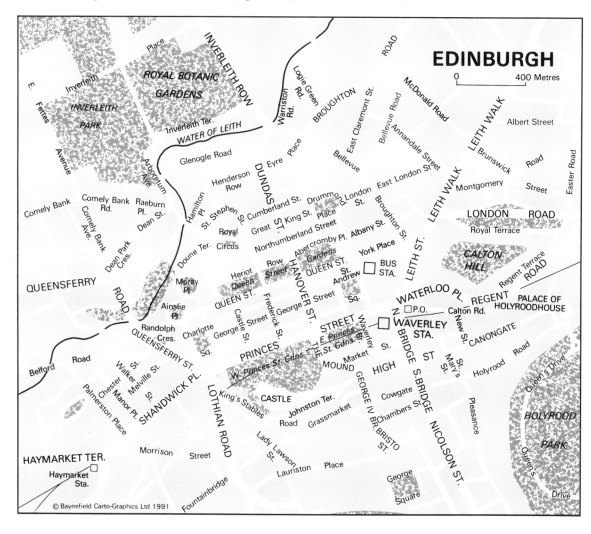

© Baynefield Carto-Graphics Ltd 1991

Princes Street Gardens, dominés par le château: un hâvre de paix en plein Edimbourg

Les trésors architecturaux d'Edimbourg datent cependant de l'époque géorgienne. Au dix-huitième siècle, les habitants riches de la vieille ville surpeuplée, las du bruit et des rues insalubres, créèrent une nouvelle ville tout en larges avenues, squares élégants et rues en arc de cercle. La 'New Town' devint synonyme d'art de vivre. Aujourd'hui ce sont les financiers, les comptables et les architectes qui occupent la plupart des pièces cachées derrière les façades néo-classiques.

L'urbanité esthétique de la nouvelle ville se reflétait dans un rayonnement culturel croissant. Les lettres, les arts et la philosophie fleurirent pendant l'Enlightenment écossais, quand la ville accueillit des écrivains romantiques – Scott et Burns – de brillants artistes – Wilkie et Raeburn – et d'éminents philosophes – Hume et Smith. Edimbourg fut surnommée 'l'Athènes du nord', sans doute à cause de ses nombreux monuments et statues, les plus frappants étant les monuments de Calton Hill et le mémorial Scott dressé sur Princes Street.

L'Enlightenment écossais a fait d'Edimbourg un centre culturel international. La ville abrite les Musées Nationaux d'Ecosse, auxquels s'ajoutent des collections d'objets, de portraits, d'art moderne et d'antiquités; ainsi que plusieurs petites galeries exposant des oeuvres modernes et anciennes, et des musées et maisons historiques ouverts au public.

Le clou de l'année reste cependant le Festival International d'Edimbourg, qui se tient chaque année au mois d'août depuis 1947. En conjonction avec le Fringe qui l'accompagne, il est devenu le plus grand festival artistique du monde. Pendant trois semaines, la ville prend un air de carnaval. Chaque espace public, des théâtres à 3000 places aux cours de récréation, des salles de concert aux églises, est utilisé, artistes et public partageant les joies du théâtre, de l'opéra, des spectacles en plein air et des musiques en tous genres.

Ce ne sont là que des reflets de ce joyau qu'est Edimbourg, ville peuplée de surprises charmantes: la vue sur le Firth of Forth, aperçue d'une sombre ruelle de la vieille ville; la statue sentimentale de Greyfriars Bobby, le fidèle terrier; les riches intérieurs des pubs victoriens; les magasins spécialisés, dans les rues adjacentes aux artères touristiques; les palmiers luxuriants des impeccables Jardins Botaniques Royaux.

La ville, en s'étendant, a absorbé des bourgades jadis éloignées, mais elles n'en gardent pas moins leur caractère. Le paisible village de Dean est à demi caché par les arbres qui longent la Water of Leith; Stockbridge est le quartier bohémien d'Edimbourg; et les voiliers mouillent dans le joli village de Cramond.

Leith, le port d'Edimbourg, garde son indépendance d'esprit; malgré les winebars, restaurants et appartements chic qui envahissent le quai, c'est encore une communauté travailleuse et terre à terre.

Un peu plus loin sont la superbe demeure de Hopetoun House, les ruines grandioses de Linlithgow Palace et d'autres trésors moins connus, comme la chapelle de Roslin.

Mais il est toujours difficile de dire adieu à la capitale de l'Ecosse, car Edimbourg est, tout simplement, une des plus belles villes du monde.

Le spectacle incomparable du Tattoo Militaire

Royal Mile: la maison de John Knox

La cathédrale St Giles, première église d'Edimbourg

Le magnifique palais de Holyrood, une des perles de la capitale écossaise

Charlotte Square, parfait exemple de la gracieuse architecture du nouvel Edimbourg

Princes Street, une des plus belles rues d'Europe

Le port de Leith, lieu de rendez-vous chic

La ville à l'époque du Festival

Fife

La plupart des visiteurs abordent le Fife par un des ponts sur la Forth: la meilleure introduction possible à ce coin unique de l'Ecosse. Dressés l'un à côté de l'autre, le gracieux pont routier et l'énorme pont ferroviaire à encorbellement forment un des plus beaux spectacles du pays; et lorsqu'on atteint la rive nord du Firth of Forth, on se sent vraiment arriver dans une région fort distincte. Le Fife est différent. Jadis appelé Royaume de Fife, ses habitants ont toujours affiché son caractère indépendant – indépendance que révèlent aujourd'hui le paysage, l'architecture et l'accent local.

Deux des splendeurs les moins connues du Fife se trouvent à l'ouest des ponts. La petite ville de Culross était un port marchand prospère aux seizième et dix-septième siècle; bien que son importance ait décliné, ses bâtiments ont survécu, et leur restauration offre un aperçu merveilleusement authentique de la vie domestique en Ecosse avant la Révolution Industrielle. Dunfermline, ville bien plus grande et ancienne capitale de l'Ecosse, a en son centre l'abbaye du douzième siècle où reposent les restes de Robert Bruce.

La route qui suit la côte vers l'est traverse des stations touristiques, comme Aberdour et Kinghorn, surtout célèbres pour leurs plages, puis les villes industrielles de Kirkcaldy et Methil, avant d'aborder la partie la plus pittoresque du Fife – l'East Neuk. Le mot 'neuk' signifie 'coin', car c'est là le coin le plus à l'est du Fife, qui s'avance dans la Mer du Nord. On y trouve des villages de pêcheurs célèbres pour leur caractère intact; leurs maisonnettes aux murs blancs, aux toits de tuile rouge et aux ports pimpants attirent artistes et photographes.

Les ports de l'East Neuk connurent leur apogée au Moyen-Age, période de commerce avec toute l'Europe. Les pignons à redans de plusieurs vieux bâtiments, influencés par l'architecture flamande, témoignent de ces liens continentaux. Lorsque le commerce européen déclina, la pêche devint l'industrie de base, et si les harenguiers qui remplissaient les ports d'Anstruther et de St Monans ont disparu, la pêche continue sur une plus petite échelle. Pittenweem est aujourd'hui le premier port de pêche, spécialisé dans les coquillages et les crustacés.

Vers l'intérieur, le paysage en patchwork du Fife est quadrillé d'un réseau de routes traversant de jolis villages. Comme Ceres, avec son musée du folklore, et Falkland, dominé par son palais. Falkland Palace, château-fort du seizième siècle remarquablement raffiné, fut construit par Jacques IV et Jacques V comme résidence campagnarde pour les Stuart. Les visiteurs royaux, dont Marie Stuart, chassaient le chevreuil et le sanglier dans les bois environnants, et jouaient au tennis royal, ou 'vrai' tennis. Mais c'est dans des circonstances plus tragiques que Marie revit la région en 1567. Emprisonnée pendant onze mois sur une île au milieu du Loch Leven, un peu plus à l'est, elle s'enfuit avec l'aide d'un jeune homme du pays. Mais, bientôt reprise, elle fut à nouveau incarcérée sur l'ordre d'Elizabeth I, et ne revit plus l'Ecosse.

Un des passe-temps favoris de Marie Stuart en ses jours heureux était le golf, et dans le Fife, tous les chemins mènent au berceau du golf, St Andrews. D'anciens documents témoignent de la pratique de ce sport dès 1547; deux siècles plus tard, des gentilshommes de la région fondèrent la Société de Golf de St Andrews, le futur Royal and Ancient Golf Club, aujourd'hui centre international de ce sport. Du club-house du 'R and A', construit en 1854, on voit le tertre de départ et le dix-huitième green du golf le plus célèbre du monde: le Old Course. Le golf, qui est un art de vivre en Ecosse, est une obsession dans le Fife. En plus des cinq célèbres golfs – et du Musée du Golf Britannique – à St Andrews, la région possède plusieurs beaux terrains.

Mais St Andrews attirait les visiteurs bien avant l'arrivée des golfeurs. La ville était le centre de la foi chrétienne en Ecosse, et donc un lieu de pélerinage. La légende veut que St Rule ait fait naufrage ici au huitième siècle. Il portait les reliques de Saint André, qu'il déposa dans la future cathédrale de St Andrews – la plus grande d'Ecosse, maintenant une ruine splendide. Le château-fort du douzième siècle, tout près de là, était autrefois le palais de l'évêque, mais devint tristement célèbre lors d'incidents sanglants sous la Réforme; on peut encore voir les sinistres oubliettes du Bottle Dungeon. L'université, fondée en 1411, est la plus vieille d'Ecosse. Les étudiants y conservent beaucoup des traditions médiévales de l'université.

Avec ses plages excellentes, St Andrews est devenu une station balnéaire populaire, mais peu de lieux de vacances offrent un tel mélange d'ancien et de moderne. Un séjour dans cette ville historique est le clou idéal de toute visite au Fife.

Le splendide pont sur la Forth, une des structures les plus reconnaissables d'Europe

Culross, sur la Forth, village du dix-septième siècle superbement conservé

L'abbaye de Dunfermline, du douzième siècle, surplombant le parc de Pittencrieff

Le port le plus pittoresque de l'East Neuk of Fife, à Crail

Les maisons blanches à pignons de Dysart, typiques du Fife

Le palais de Falkland; résidence campagnarde des rois Stuart

Loch Leven Castle, où fut emprisonnée Marie Stuart en 1567

Le Royal and Ancient Clubhouse, sur le célèbre Old Course – St Andrews

St Andrews Castle, et son lugubre Bottle Dungeon

La tour St Rule domine les ruines de la cathédrale St André

Les Highlands du centre

Les Highlands du centre sont le coeur à la fois géographique et historique de l'Ecosse. La limite entre les Highlands et les Lowlands est une région de paysages tout en contrastes. Au sud et à l'est, de riches terres agricoles et collines en pente douce; au nord et à l'ouest, les montagnes, entrecoupées de lacs profonds et d'étroites vallées.

On décrit parfois, avec raison, cette région comme le Lake District écossais. Elle foisonne de lacs, grands et petits, le plus fameux étant le Loch Lomond. Cette superbe étendue d'eau, dont les 'belles rives' ont été immortalisées en chanson, attire encore les foules. L'été, les bateaux de plaisance font le tour des nombreuses îles et les pique-niqueurs peuplent le rivage; plus haut, les randonneurs admirent la vue du haut de Ben Lomond.

Plusieurs autres lacs avoisinants sont, eux aussi, cernés de hautes montagnes. La forme pyramidale de Schiehallion domine le solitaire Loch Rannoch; l'énorme Ben Lawers surplombe les rives escarpées du Loch Tay; Ben Vorlich préside aux sports aquatiques sur le Loch Earn; et l'escalade de Ben Venue a pour récompense le spectacle scintillant du Loch Katrine.

Les rivières jouent un grand rôle dans la vie des central Highlands. La Tay – la plus longue d'Ecosse, avec ses 119 miles (192 kms) – traverse le Perthshire. Certains tronçons de la Tay sont parmi les zones de pêche les plus prisées; en janvier, les pêcheurs défilent sur la pittoresque place de Kenmore pour célébrer l'ouverture de la pêche au saumon.

Plus au sud, la Tay longe la cathédrale historique de Dunkeld, village ravissant dont les 'petites maisons', joliment restaurées, furent bâties après l'incendie qui détruisit le premier village après la bataille de Killiecrankie, en 1689.

La Tay a été témoin de plusieurs grands moments de l'histoire d'Ecosse. Birnam Hill, une des pentes abruptes et boisées qui bordent la rivière, a été rendu célèbre par le Macbeth de Shakespeare. Macbeth était un des quarante deux rois d'Ecosse couronnés dans l'abbaye de Scone, en aval de Birnam Hill. Les sacres se faisaient sur la Pierre de la Destinée, volée en 1296 par Edouard Ier et emmenée à Westminster. L'abbaye de Scone fut totalement rasée sous la Réforme, mais l'imposant Scone Palace, non loin de là, raconte l'histoire de ses rois.

On retrouve l'histoire dans la 'Belle Ville de Perth', dont les belles maisons géorgiennes et parcs verdoyants longent la Tay, très large à cet endroit. Ancienne capitale de l'Ecosse, Perth, bien que loin de la mer, était un marché prospère, grâce à la rivière. La Tay et ses affluents jouent encore un grand rôle dans l'économie de la ville, drainant le riche arrière-pays (réputé pour ses fruits rouges, en particulier les framboises de Blairgowrie) et fournissant l'eau pure et fraîche qui fait les célèbres whiskies de Perth.

La Forth coule des collines boisées des Trossachs – splendides à l'automne. C'est une région aimée des artistes, poètes et écrivains, à commencer par Sir Walter Scott, qui y puisait son inspiration. Nombre de ses oeuvres romantiques résonnent de ces émouvants paysages. Le plus célèbre de ses personnages des Trossachs, Rob Roy Macgregor, n'était pas une figure légendaire, mais un véritable aventurier des Highlands – décrit tantôt comme un voleur de bétail, tantôt comme un fier chef de clan – dont les audaces continuent d'émerveiller.

La Forth passe près des villes touristiques d'Aberfoyle et de Callander, avant de serpenter dans sa plaine, jusqu'à la cité historique de Stirling. Comme le vieil Edimbourg, Stirling s'abrite sous un imposant château perché sur un piton volcanique. Sa position stratégique en fit une ville fortifiée dès les temps les plus anciens, le château devenant le siège de la cour des Stuart. Le très haut Monument à Wallace commémore la victoire de Stirling Bridge en 1297. Dix-sept ans plus tard, Robert Bruce vainquit les Anglais à Bannockburn, tout près de là; un centre du patrimoine rappelle cette victoire, la plus célèbre dans l'histoire guerrière du pays.

En s'élargissant, la Forth passe sous les imposantes Ochil Hills, d'où coulent les affluents qui alimentaient les filatures des 'Hillfoot Towns'. L'industrie textile, qui ne dépend plus de l'eau, a survécu, et la visite des filatures, ou 'Mill Trail', est une attraction populaire. L'artisanat est en fait une caractéristique des Highlands. Souffleurs de verre, tailleurs de corne, potiers,

Ben Lomond surplombe les eaux du Loch Lomond

La 'Queen's View', panorama célèbre du Perthshire

Les Braes de Balquhidder – pays de Rob Roy

tanneurs et autres artisans sont partout, invitant le visiteur dans leur atelier.

Les touristes ont toujours été les bienvenus dans cette contrée. Des villes comme Crieff, Aberfeldy et Pitlochry accueillent depuis des siècles ceux qui voyagent entre les Highlands et les Lowlands, et le touriste moderne trouve une multitude d'endroits à visiter. Les magnifiques monuments historiques, tels le château de Blair et la cathédrale de Dunblane, côtoyent les attractions modernes, comme la piscine de Perth et le Théâtre du Festival de Pitlochry; si l'on ajoute les merveilleux paysages environnants, il faut reconnaître que les central Highlands réunissent toutes les beautés de l'Ecosse.

*Croisière sous les rochers boisés
du Loch Katrine*

*La Tay, large rivière réputée pour
la pêche au saumon*

La jolie petite ville de Dunkeld, entièrement reconstruite après la bataille de Killiecrankie

La Tay coule vers l'est, sous Kinnoull Hill, près de Perth

Stirling Castle, perché sur son rocher

Les Trossachs, magnifiques vus d'Aberfoyle

Robert Bruce contemplant Bannockburn

Tissage à la main au Musée des Tartans d'Ecosse, à Comrie

Le joli village de Fortingall – Perthshire – a un if vieux de trois mille ans

Blair Castle, un des sites historiques les plus visités d'Eco

Le Nord-est

Avec ses quatre-vingts châteaux, plus de la moitié des distilleries de malt du monde, de dramatiques paysages montagnards et marins, et des activités allant du ski à la pêche au saumon, le nord-est est presque plus écossais que l'Ecosse.

Dundee, superbement situé sur le Firth of Tay, est la porte du nord-est. Cette 'ville aux trois j' (jute, confiture ou 'jam', et journalisme) a récemment diversifié ses industries. Le bateau sur lequel Scott explora l'Antarctique – le RRS Discovery – est exposé sur les quais remis à neuf. Plus haut, sur la côte de l'Angus aux nombreuses belles plages, se trouve Arbroath, dont l'abbaye en ruine fut le cadre de la déclaration d'indépendance écossaise en 1320. Les 'Arbroath smokies' – haddock fumé au feu de bois – sont célèbres. Vers l'ouest, dans la large vallée de Strathmore, les tours de Glamis Castle dominent les champs de framboisiers. Glamis, qui serait le château le plus hanté d'Ecosse, est une résidence royale depuis 1372.

Mais c'est au Deeside, au-delà des Grampians, que va le plus souvent l'épithète 'royal'. Car c'est là, dans les forêts au pied du sombre Lochnagar, qu'est le château de Balmoral, retraite d'été de la famile royale depuis que la reine Victoria s'éprit du site. Pendant la première semaine de septembre, le Highland Gathering de Braemar attire les foules, aussi intéressées par la famille royale que par le spectacle des cornemuses, des danses et du 'caber-tossing' – lancement de troncs d'arbres.

La Dee et la Don coulent vers l'est, à travers une campagne boisée splendide à l'automne. Aucune autre région d'Ecosse n'a tant de châteaux, aussi différents les uns des autres: Drum Castle et son énorme tour du treizième siècle; Crathes Castle, dont les superbes jardins sont parmi les plus beaux en Grande-Bretagne; le joli château de Craigievar, sorti d'un conte de fées; et, sur la côte, Dunnottar Castle, dressé sur ses hautes falaises, gardé sur trois côtés par la Mer du Nord souvent turbulente.

Aberdeen, troisième ville d'Ecosse, doit beaucoup à la Mer du Nord. Elle fut, pendant des siècles, un port de pêche et de commerce, mais devint, dans les années 70, la capitale européenne du pétrole. Son vaste port doit sa prospérité au trafic maritime qui dessert les derricks offshore. Aberdeen est une belle cité; ses bâtiments de granit, scintillants au soleil, sont égayés par les merveilleux parterres ornant les parcs, les jardins et les rues. L'été, les roses fleurissent en abondance. Le vieil Aberdeen, plein de verdure, avec sa cathédrale et son King's College au clocher en couronne, est un hâvre de paix dans cette ville effervescente.

D'autres châteaux peuplent le nord et l'est, sur des terres parmi les plus riches d'Ecosse. Haddo House (célèbre pour sa société de musique chorale), Fyvie Castle, brillamment restauré, et le baroque géorgien de Duff House sont particulièrement dignes d'intérêt. Dans la jolie ville d'Elgin, la cathédrale en ruine est pleine de charme; et à Pluscarden, les moines de notre siècle ont rebâti leur abbaye vieille de 700 ans. La côte du nord-est est ponctuée de solides villes de pêcheurs et de villages blanchis à la chaux. Le plus grand de ces ports, Peterhead, est le premier d'Europe pour la pêche au poisson blanc. Une visite matinale du marché aux poissons, où l'on entend le vigoureux dialecte buchan, est une expérience à savourer.

Une des grandes régions de pêche en eau douce du monde se trouve sur la Spey, mais ses eaux pures donnent un produit encore plus fameux – le whisky. Des dizaines de distilleries, aux noms célèbres de par le monde ou presque inconnues, se cachent dans la campagne du nord-est. Chacune produit un 'single malt whisky', au bouquet et à la saveur uniques, comme le remarquent les fidèles du 'Malt Whisky Trail'. Malgré maints efforts, aucun pays n'a réussi à imiter le caractère unique du whisky écossais; l'apparente simplicité de ses ingrédients – eau et orge malté – acquiert une magie insaisissable quand on les distille sur un feu de tourbe, et qu'on les laisse mûrir plusieurs années dans des fûts en bois.

La Spey commence sa course très haut, au coeur des Grampians, et sa vallée, dans le district de Badenoch, où l'on joue au shinty, cache plusieurs petites villes. Le musée du folklore des Highlands, à Kingussie, montre l'ancien mode de vie des Highlanders, tandis que le Landmark Centre de Carrbridge, attraction plus

*Dundee, superbement situé sur le
Firth of Tay*

*L'abbaye d'Arbroath, où fut
signée la Déclaration
d'Indépendance écossaise*

moderne, dépeint l'histoire naturelle de la région d'une façon aussi amusante qu'éducative. La ville touristique la plus connue est Aviemore, active toute l'année grâce à la proximité des pistes des Cairngorms – l'une des trois régions de sports d'hiver du nord-est. Les Cairngorms sont le massif le plus haut de Grande-Bretagne, avec trois sommets de plus de 4000 pieds (1219 m); on y voit voler les orfraies au-dessus du Loch Garten, et les voiliers aux couleurs vives du Loch Morlich rehaussent le vert sombre des bois environnants.

Le nord-est ne peut manquer de se graver dans la mémoire de tous ceux qui découvrent ses charmes.

Les jardins de Crathes, parmi les plus beaux du pays

'Tossing the caber' – clou traditionnel du Highland Gathering de Braemar

Glamis Castle, entouré de jonquilles au printemps

Balmoral Castle – Deeside – la plus célèbre des résidences royales d'Ecosse

Les tours féériques de Craigievar Castle, près d'Alford

Les parterres fleuris d'Aberdeen, sur fond de granit

Le spectaculaire Dunottar Castle, près de Stonehaven

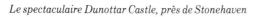

La distillerie de Fettercairn, au toit en pagode traditionnel

Le Landmark Centre de Carrbridge, et son panorama du Speyside

Le Cairngorm, rendez-vous populaire des skieurs écossais

Le minuscule port de Pennan, blotti sous de hautes falaises

Les Highlands du nord

Les Highlands du nord sont une région aux couleurs inoubliables. Là, dans un des paysages les plus spectaculaires et intacts d'Europe, le voyageur trouve des mers turquoise, des sables argentés, des bruyères pourpre et des couchers de soleil orange, aux teintes intensifiées par la pureté de l'air.

Inverness, capitale des Highlands, est une ville prospère qui accueille le visiteur avec les mots 'ceud mile fàilte – cent mille bienvenues. Les Highlanders sont naturellement courtois et hospitaliers, mais un visiteur indésirable fut, en 1746, le Duc de Cumberland, dont l'armée battit les infortunés Jacobites, menés par le Prince Charles Edward Stuart, à Culloden. Aujourd'hui, le champ de bataille est une morne lande battue par les vents, conservée pour la postérité par le National Trust.

Au sud-ouest d'Inverness s'étend le long et étroit Loch Ness, gîte légendaire du célèbre monstre. Les premiers témoignages sur Nessie remontent au sixième siècle, mais malgré les expéditions scientifiques, les plongées et les millions de photos, le monstre a résisté à toute tentative de prouver – ou de réfuter – son existence. Urquart Castle est un point d'observation favori, et l'Exposition sur le Monstre du Loch Ness à Drumnadrochit raconte cette mystérieuse histoire.

La route qui suit la côte vers le nord ne révèle rien des vues dramatiques qu'on trouve plus à l'ouest. La jolie ville thermale de Strathpeffer, les champs fertiles de Black Isle et le fameux golf de Dornoch ont pour cadre de douces collines boisées, des plages de sable et d'infinies étendues marines. La côte est ponctuée de minuscules villages de pêcheurs avant d'arriver aux villes du Caithness, Wick et Thurso. Wick est un très actif port de pêche, et Thurso joua un grand rôle au Moyen-Age dans le commerce entre l'Ecosse et la Scandinavie.

Ce n'est pourtant pas un Scandinave, mais un Hollandais, qui baptisa la ville la plus célèbre du Caithness. Le service de ferries pour Orkney fondé par Jan de Groot au quinzième siècle a disparu depuis longtemps, mais son nom survit en John o' Groats, au bout extrême de la Grande-Bretagne (le plus au nord est en fait Dunnet Head, à l'ouest).

Les nobles sommets de Ben Loyal et Ben Hope dominent le sauvage et solitaire 'flow country' du Caithness. C'est un lieu étrangement morose de tourbières et d'étangs, riche en flore et en oiseaux. L'histoire humaine de la région est tout aussi triste, car c'est le Caithness et le Sutherland qui souffrirent le plus des terribles 'Highland clearances' du siècle dernier. Les Highlands du nord se prêtant à la production de laine, les propriétaires jetèrent des familles, souvent brutalement, hors de leurs terres pour y mettre des moutons. La misère frappa des milliers de gens, que la pêche ne parvenait pas à soutenir, et la famine fit rage. La plupart partirent pour les villes du sud ou pour l'Amérique. On voit partout les traces de cette période tragique: chaque glen cache des villages et des fermes en ruine.

L'extrême nord-ouest est un site unique en Grande-Bretagne: une superbe côte, avec ses hautes falaises de grès, ses plages désertes et ses dizaines d'îlots; mais ce sont les imposantes montagnes qui s'impriment dans notre mémoire. Dans leur splendeur solitaire, les pics de Canisp et Stac Polly, et le pain de sucre de Suilven, dominent les environs, toile de fond surprenante au port de Lochinver; écrasant d'autres merveilles, telle la cascade la plus haute de Grande-Bretagne, à Eas Coul Aulin.

Le port de pêche d'Ullapool est situé sur le Loch Broom, un des nombreux lacs d'eau salée qui découpent la rude côte du Wester Ross. Ullapool, comme la ville voisine de Gairloch, sert de port de plaisance aux ornithologues, aux pêcheurs et aux touristes. Mais c'est un lac d'eau douce, le Loch Maree, que l'on dit le plus beau des Highlands; dominé par le Slioch aux pentes raides, il est bordé de rives sauvages et boisées. Tout

Inverness Castle surplombe la Ness

Le cairn commémoratif de Culloden

près de là, le célèbre jardin d'Inverewe est un joyau d'horticulture subtropicale, où plantes et arbustes exotiques prospèrent sous l'influence adoucissante du Gulf Stream.

Plus au sud, le paysage est encore plus grandiose. Les énormes montagnes de Torridon – Beinn Eighe, Liathach et Beinn Alligin – défient les randonneurs et les alpinistes les plus endurcis, et l'espoir de voir une espèce rare, comme la martre et l'aigle royal, est un plaisir supplémentaire. La réserve naturelle nationale de Beinn Eighe fut la première de Grande-Bretagne. Plus loin, au bord du Loch Carron, le pittoresque village de Plockton évoque la Méditerranée avec ses palmiers et ses maisonnettes blanchies à la chaux. Les trains qui suivent la spectaculaire ligne de Kyle traversent Plockton en direction de Kyle of Lochalsh, d'où partent les ferries pour Skye. Loch Alsh est lui-même relié au Loch Duich où, au pied des majestueuses 'Five Sisters' de Kintail, le pittoresque château de Eilean Donan monte la garde sur son îlot rocheux.

Parmi tant de magnificence, on ne peut guère nier que les Highlands du nord sont peut-être le plus bel endroit du monde.

*Urquhart Castle domine le
Loch Ness*

*Le Suilven, silhouette majestueuse
derrière Assynt*

Le port animé de John O'Groats

*Ullapool, important port de pêche
– côte ouest*

*Les plantes subtropicales
prospèrent aux jardins
d'Inverewe*

*Coucher de soleil à Diabaig,
Loch Torridon*

Le village de Plockton, au site idyllique sur le Loch Carron

Les Five Sisters of Kintail se dressent au-dessus de Glen Shiel et du Loch Duich

Eilean Donan Castle – purement écossais

Taureau des Highlands à Torridon

La grotte de Smoo, Sutherland

Les Iles

Les Ecossais se sont toujours sentis proches de la mer; mais, pour ceux des îles, ce lien a, de tout temps, été une dépendance. La mer leur fournit un moyen de survie et de transport, ainsi que des emplois, et ils vénèrent sa puissance et sa beauté.

Les îles du nord, Orkney et Shetland, sont souvent regroupées par les politiciens, les cartographes et les météorologues, malgré leurs caractères différents. Les îles d'Orkney sont étrangement plates, vertes et fertiles, et furent donc en proie à plusieurs vagues d'envahisseurs: peuples de l'âge de pierre, Picts, Vikings. Orkney foisonne de sites archéologiques, les trois plus connus étant sur l'île principale, Mainland. Skara Brae est un village vieux de 4000 ans, dont les maisons, meubles et ustensiles restèrent enfouis dans le sable jusqu'à leur excavation; Maes Howe est un immense tumulus de l'âge de pierre; et le 'Ring of Brodgar' est un cercle de mégalithes en très bon état. La capitale, Kirkwall, est dominée par la cathédrale St Magnus du douzième siècle. Et pour ceux qui préfèrent le spiritueux au spirituel, la distillerie la plus au nord d'Ecosse est tout près.

Shetland a aussi de beaux vestiges préhistoriques, mais l'influence des Vikings y est bien plus forte. Le dialecte local a un côté très nordique, ainsi que plusieurs noms de lieux, et les habitants sont fiers de dire que la gare la plus proche est à Bergen, en Norvège. En l'honneur de ces liens, le festival du feu d'Up Helly Aa, lors duquel on brûle une chaloupe, se tient en janvier à Lerwick, la capitale.

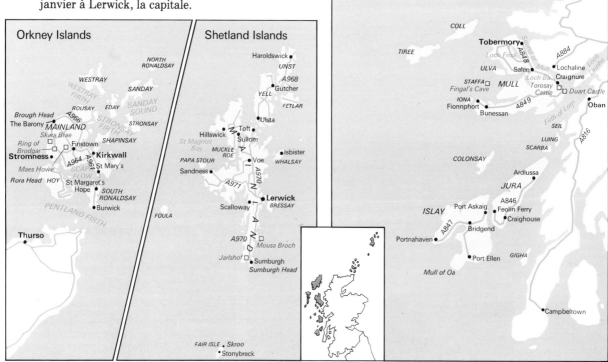

44

Skara Brae – Orkney – site vieux de quatre mille ans, est un paradis des archéologues

Les longues nuits d'hiver sont traditionnellement occupées à tricoter les lainages à motifs pour lesquels Shetland et Fair Isle sont célèbres. Au mois de juin, par contre, le crépuscule dure toute la nuit. Les ciels des Shetland et ses falaises spectaculaires pullulent de mouettes, de fulmars, de macareux, et autres oiseaux rares.

Les îles de l'ouest – les 'Outer Hebrides' – sont aux antipodes du reste de l'Ecosse. Tout le long de cette chaîne d'îles, de Lewis, au nord, aux minuscules îles au sud de Barra, l'oeil se repaît de plages blanches désertes, la fumée des feux de tourbe caresse les narines, et l'on est comme bercé par le doux parler gaélique – qui est ici, et seulement ici, la première langue de la plupart des gens.

Lewis est la plus peuplée des îles de l'ouest, mais même là, il n'y a qu'une ville – Stornoway – et beaucoup d'habitants vivent et travaillent dans des 'crofts' – les petites fermes traditionnelles. Malgré son isolement apparent, Lewis est habité depuis des milliers d'années, comme en témoignent les imposants menhirs de Callanish, érigés il y a à peu près 4000 ans. Des ferries et des digues relient beaucoup des îles, mais l'île montagneuse de Harris fait partie de Lewis; elle est néanmoins fière d'avoir sa propre identité. Plus au sud, de plus petites îles – North et South Uist, Benbecula et Barra – sont célèbres pour leurs superbes plages et leurs prairies vertes et fleuries. Chose intéressante, les îles au sud de Benbecula sont surtout catholiques, tandis que celles plus au nord sont strictement presbytériennes.

Les Inner Hebrides, adorées des navigateurs, sont dominées par l'île de Skye, que l'on qualifie souvent de magique, non sans raison. On a écrit des volumes sur cette île suprêmement romantique, mais aucun mot ne saurait décrire la sombre majesté des Cuillins, le massif montagneux le plus spectaculaire du pays. Les Cuillins dominent naturellement l'île, mais elle a bien d'autres atouts: les formations rocheuses dramatiques du Quiraing et du 'Vieil Homme de Storr'; la ville principale de Portree; et les attractions populaires de Dunvegan Castle et du Clan Donald Centre. C'est par Skye que Bonnie Prince Charlie, dans sa fuite, échappa à ses poursuivants hanovriens, disant adieu à la brave Flora Macdonald.

Plus au sud, au-delà des 'Small Isles' aux noms curieux de Canna, Rhum, Eigg et Muck, s'étend la vaste île vallonnée de Mull. Dans le port de Tobermory aux maisons multicolores, des plongeurs cherchent encore le trésor d'une galère espagnole qui aurait coulé là en 1588.

A l'ouest de Mull, on trouve deux îles basses, Coll et Tiree (qui a le meilleur ensoleillement de Grande-Bretagne), et la merveille naturelle de la grotte de Fingal, à Staffa, qui inspira l'ouverture *Les Hébrides* de Mendelssohn. Mais la reine des Inner Hebrides est la belle et douce Iona. C'est là qu'en 563, St Columba fonda son église missionnaire. L'île n'a cessé, depuis, d'être un foyer de la chrétienté. L'abbaye bénédictine du treizième siècle a été soigneusement restaurée, et abrite les tombes de nombreux rois écossais, norvégiens et irlandais.

Plus bas, on atteint les îles de Colonsay, Jura et Islay. L'odeur grisante de l'iode et les senteurs de tourbe des whiskies de malt d'Islay sont immédiatement identifiables.

De plusieurs façons, ces îles résument toutes les autres – nettement écossaises, mais à leur façon.

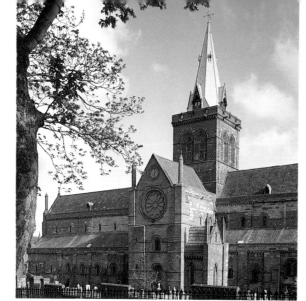

Le macareux fréquente beaucoup les îles

La tour de Mousa Broch – Shetland

Up Helly Aa, festival viking – Lerwick

46

Les mystérieux menhirs de Callanish, sur la côte ouest de Lewis

Les plages intactes et vastes paysages marins de Harris, typiques des Outer Hebrides

Les Cuillins de Skye,
particulièrement belles
en hiver

Tobermory, capitale de
l'île de Mull

L'abbaye, sur l'île sacrée d'Iona

La grotte de Fingal, sur Staffa, inspira le compositeur
Mendelssohn

La Côte ouest

La côte ouest de l'Ecosse est, de l'avis général, une des plus belles du monde. Sur toute sa longueur, des lacs d'eau salée longs et étroits pénètrent entre les montagnes, créant des contrastes spectaculaires. Les gais ports de pêche et l'animation touristique donnent une dimension humaine aux splendeurs du paysage.

Aucun endroit particulier ne saurait résumer l'attrait romantique de cette côte, mais Glenfinnan le pourrait presque. C'est là, avec pour cadre le Loch Shiel et les collines voisines, que se dresse le Monument de Glenfinnan, colonne solitaire qui commémore le lever, en 1745, du drapeau du Prince Charles Edward Stuart devant une foule de clansmen en liesse, épisode qui marqua le début de la deuxième – malheureuse – rébellion jacobite. C'est de l'impressionnant viaduc ferroviaire de la magnifique West Highland Line, reliant Fort William à Mallaig, qu'on a la meilleure vue du Monument.

Le point culminant de Grande-Bretagne, Ben Nevis, surplombe Fort William à 4408 pieds – 1344m. Les pentes nord ont été aménagées pour les sports d'hiver. On peut aussi skier à Glen Coe, plus au sud. Mais cette sombre vallée dégage une atmosphère lugubre, en partie dûe au terrible massacre de 1692, quand les Campbell, invités des Macdonald, égorgèrent leurs hôtes pendant leur sommeil.

Dans l'Argyllshire, région de pêche et de voile, la mer n'est jamais loin. Les fruits de mer y sont même si prisés que beaucoup sont exportés vers les grands restaurants d'Europe.

Oban est la ville principale de l'Argyll, et sa baie en demi-cercle, dominée par l'extravagante Tour de McCaig, est peut-être la plus photographiée d'Ecosse. On surnomme Oban 'Porte des îles', à cause de ses services de ferries réguliers à destination des Inner Hebrides.

Un peu plus à l'intérieur, sur le Loch Awe, le pittoresque château de Kilchurn se dresse au pied de Ben Cruachan. La montagne a été creusée pour faire place à une centrale hydro-électrique.

Le paysage s'adoucit si l'on va vers le sud. Une curiosité: l'île de Seil, reliée au continent par un petit pont de pierre au nom trompeur – mais correct – de 'Pont sur l'Atlantique'.

Kintyre est la longue, étroite péninsule que l'on remarque sur toute carte d'Ecosse. Les bateaux de plaisance qui glissent le long du canal de Crinan (au nord de la péninsule) raccourcissent sans doute leur trajet, mais ils ratent le charme d'une des contrées les moins connues d'Ecosse. Les attraits de Kintyre – plages de sable, vallées boisées et onctueux whisky de Campbeltown – sont multiples, bien que peu mentionnés.

Le Loch Fyne, célèbre pour ses kippers (harengs fumés) s'enfonce dans les Highlands du sud-ouest. Ses rives hébergent le superbe jardin sylvestre de Crarae et la charmante ville d'Inveraray, tracée dans le style géorgien, vers la fin du dix-huitième siècle, par le troisième Duc d'Argyll, sur le site d'un village précédent.

Le duc y créa aussi le château d'Inveraray, dont les murs blancs recèlent d'admirables collections de meubles, de peintures et de porcelaines. La prison d'Inveraray, tout près, est un ancien tribunal fort bien restauré. On y voit des tableaux vivants dépeignant des scènes du passé.

La plupart des visiteurs longent le lac par la route nommée 'Rest and be Thankful', mais les vues, spectaculaires certes, depuis cette ancienne voie militaire ne laissent guère deviner les beautés de la péninsule de Cowal, plus au sud. Si l'on traverse le parc

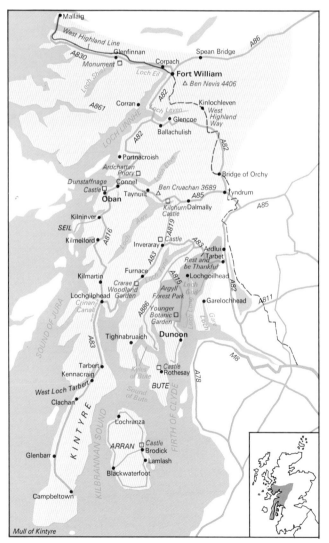

forestier d'Argyll et les Kyles de Bute, des vues sur la mer, les collines et les îles s'ouvrent à chaque virage. Le Younger Botanic Garden est un délice pour l'oeil. Le centre touristique principal est Dunoon, dont l'année culmine en août avec l'immense parade de cornemuses qui fait partie du Highland Gathering de Cowal. Rothesay, sur l'île voisine de Bute, est un autre lieu de vacances du Firth of Clyde. Son château, du onzième siècle, est un des plus historiques du pays, par ses associations avec Robert Bruce et Oliver Cromwell; l'héritier du trône britannique porte encore le titre de Duc de Rothesay.

Arran, la plus grande île de la Clyde, est pleine d'intérêt. Souvent surnommée 'l'Ecosse en Miniature', elle a des montagnes, des vallées et des plages de sable, une abondance de vestiges de l'âge de bronze et de l'âge de fer, et un château intéressant à Brodick, la capitale. C'est dans une grotte près du village de Blackwaterfoot que Robert Bruce aurait observé la célèbre araignée qui l'encouragea à 'essayer, essayer sans cesse' de secouer le joug de la domination anglaise.

Voilà donc pour la côte ouest. Nul voyage en Ecosse ne serait complet sans un peu de sa magie.

Le site incomparable de Glenfinnan

Train à vapeur sur la pittoresque
West Highland Line

Ben Nevis, vu d'Inverlochy

*Les sombres pics de
Glencoe, souvent
embrumés*

*Les sables argentés de
Morar, près de Mallaig*

Oban, premier port de l'ouest

Kilchurn Castle garde l'extrêmité est du Loch Awe

Lochranza, sur l'île d'Arran

Inveraray Castle, demeure des Ducs d'Argyll

Glasgow

Lorsque, au sixième siècle, le missionnaire St Mungo fonda un monastère près d'une rivière aux eaux peu profondes, la Clyde, il n'était pas près de soupçonner qu'une grande ville surgirait un jour de ce site nommé 'Glas Cau', le lieu vert. St Mungo n'était sûrement pas glaswégien, sans quoi il n'aurait pas hésité à prédire l'impossible – puis à le faire arriver.

Raconter l'histoire de Glasgow, c'est faire des montagnes russes à travers l'histoire économique, car la cité a basculé, pendant des siècles, entre la prospérité et la dépression. La minuscule communauté ecclésiastique devint une petite ville autour de sa cathédrale gothique du treizième siècle, qui avait remplacé l'église originale de St Mungo. Peu à peu la ville grandit, avec sa bourgeoisie de marchands et de négociants, mais c'est après l'Union Parlementaire de l'Ecosse et de l'Angleterre, en 1707, que de vastes nouveaux marchés s'ouvrirent aux importateurs et exportateurs écossais. Les marchands glaswégiens – les 'tobacco lords' – s'enrichissaient grâce au commerce transatlantique du tabac, du sucre et du rhum, et ils transformèrent la ville en construisant leurs résidences et entrepôts dans un quartier qu'on appelle aujourd'hui 'La Cité des Marchands'. Depuis, beaucoup de ces beaux immeubles sont devenus des appartements ou magasins de luxe, ou des restaurants.

© Baynefield Carto-Graphics Ltd 1991

George Square, au coeur de Glasgow

Les guerres d'indépendance américaines mirent fin au boum commercial, et le Glasgow du siècle dernier dut trouver d'autres sources de revenus. Il le fit brillamment, en devenant la 'seconde ville de l'Empire' – la capitale mondiale de l'industrie lourde.

La Clyde devint une artère industrielle, charriant le fer et le charbon du Lanarkshire et des produits finis, comme les locomotives, et faisant tourner les filatures de coton – les premières grandes usines du pays.

A New Lanark, au sud de Glasgow, Robert Owen, industriel progressiste, fonda une communauté (le site est maintenant classé au 'World Heritage') qui améliorerait beaucoup les conditions de vie et de travail des ouvriers du textile. D'autres innovations eurent lieu à Paisley, où naquirent les célèbres tissus à motifs cachemire.

Quand l'industrie cotonnière déclina, la ville, en pleine expansion, fit des chantiers navals son activité principale. Des paquebots comme le 'Queen Mary' et le 'Queen Elizabeth' rendirent Glasgow célèbre avant que la plupart des chantiers de la Clyde ne dussent fermer leurs portes.

Glasgow n'est plus une ville d'industrie lourde, mais ses magnifiques immeubles victoriens évoquent une ère de prospérité. Les intérieurs extravagants des City Chambers reflètent l'opulence et la hardiesse de l'époque victorienne; la flamboyante fabrique de tapis de Templeton s'inspire du Palais du Doge à Venise; et plus récemment, le style Art Nouveau de l'Ecole des Beaux Arts a été conçu dans ses moindres détails par le grand Charles Rennie Mackintosh.

Au cours des dernières années, Glasgow s'est fait une solide réputation de ville culturelle. La création d'un magnifique immeuble pour recevoir la célèbre Collection Burrell fit plus qu'héberger cette belle collection d'objets d'art donnée à la ville; elle contribua à mettre en valeur un stock déjà abondant de trésors artistiques. La Galerie d'Art de Kelvingrove contient la meilleure collection d'art civique de Grande-Bretagne; le très populaire musée du People's Palace rend hommage à l'histoire des classes ouvrières de la région; la ville a aussi plusieurs théâtres célèbres, et les prestigieux orchestre, opéra et ballet nationaux. Les peintres et musiciens contemporains de Glasgow sont applaudis de par le monde, et le fait que ces artistes continuent de vivre et travailler ici fait honneur à la vitalité culturelle de la ville.

Mais les façades ornées et les beaux musées ne sont rien sans habitants, et les gens de Glasgow ont toujours été son plus grand atout. Grégaires et loquaces, spirituels et chaleureux, les Glaswégiens se sont armés contre les aléas économiques en cultivant leur talent pour rire dans l'adversité et partager dans l'abondance. Du chauffeur de bus blagueur à l'insolent joueur de foot, Glasgow est plein de personnages exubérants, et si l'humour est parfois un peu caustique, cette rudesse ajoute à son charme. Une autre vertu glaswégienne est l'absence de prétention: qu'on soit dans un magasin chic ou au marché aux puces des Barras, dans un bar de l'East End ou une salle de concert du West End, la même attitude terre à terre est de mise. Glasgow possède un mélange unique d'égalitarisme et de joie de vivre contagieuse.

Le motto de la plus grande ville d'Ecosse est 'Que Glasgow prospère'. C'est là l'expression d'une volonté, plutôt que d'un espoir, et l'on ne saurait trouver meilleur motto. Le tenace esprit d'entreprise de Glasgow, et son inébranlable assurance, feront prospérer la cité, toujours prête à s'adapter à de nouvelles circonstances sans rien perdre de son trait dominant – son grand coeur.

Remorqueurs sur la Clyde

*Le village industriel modèle de New Lanark,
au sud de Glasgow*

La jolie fabrique de Templeton

Le haggis – plat national écossais

Sculpture moderne – Collection Burrell

Les City Chambers de Glasgow

Magasin chic à Princes Square

Kibble Palace, au Jardin Botanique

Le Sud-ouest

Le sud-ouest est sans doute la région d'Ecosse la moins bien connue. Ses doux paysages et ses calmes rivages sont à l'opposé de la rude image traditionnelle; et pourtant, le sud-ouest est fier d'être écossais à part entière. C'est là, après tout, la contrée de Robert Burns, le poète national; c'est là le berceau de la chrétienté en Ecosse; et là aussi qu'est ce village si écossais, Gretna Green.

La côte de l'Ayrshire est une des régions touristiques préférées, avec son enfilade de petites localités: Largs, Troon, et Girvan d'où l'on voit, vers l'ouest, l'île d'Arran et Ailsa Craig. L'Ayrshire est une autre région d'Ecosse chère au passionné de golf, et ses championnats à Turnberry, Troon et Prestwick sont célèbres dans le monde entier.

C'est aussi sur cette côte qu'est le somptueux château de Culzean, chef-d'oeuvre de Robert Adam qui, avec son parc, est la plus visitée des propriétés du National Trust for Scotland.

L'Ayrshire évoque avant tout le nom de Burns. Chaque localité semble avoir un lien avec Burns, et il n'est pas difficile, en visitant la région, d'identifier les scènes pastorales et sympathiques personnages qui inspirèrent le poète du dix-huitième siècle. Burns est né à Alloway, juste au sud d'Ayr, et sa chaumière natale a été conservée en musée. A Alloway, comme dans la ville plus animée d'Ayr, on trouve des monuments, des musées et quantité de souvenirs de cet Ecossais hors du commun, ivrogne et coureur de jupons impénitent, dont les vers tantôt poignants, tantôt tapageurs, mais toujours humains, ne cessent de charmer et de toucher le monde entier.

Les dernières années de sa courte vie s'écoulèrent

Turnberry – un des premiers golfs d'Ecosse

plus au sud, dans le joli bourg de Dumfries – autre ville dont les musées et hôtelleries semblent regorger de souvenirs de Burns. Dumfries est surnommée 'Reine du Sud' – nom romantique qui dément une histoire d'invasions et de luttes digne d'une ville des Borders.

Juste au sud de Dumfries, des deux côtés de la Nith, se dressent deux des plus beaux monuments historiques d'Ecosse. Le Château de Caerlaverock est une superbe forteresse triangulaire, entourée d'une douve, où soixante hommes soutinrent le siège de l'armée d'Edouard Ier, forte de 3000 hommes, en 1300. Plus touchante est l'abbaye de Sweetheart, monastère cistercien fondé au treizième siècle par Devorgilla Balliol en mémoire de John, son époux, dont elle fit embaumer le coeur pour l'emmener dans sa tombe.

Loin des jolis villages côtiers, comme New Abbey et Kippford, les collines du Dumfriesshire atteignent 2500 pieds (762m). De petites villes, comme Langholm et Moffat, durent leur richesse au commerce des moutons et du bétail; le remarquable Devil's Beef Tub est une cavité naturelle dans les collines, qui servait de repaire aux voleurs de bétail. Non loin de là, la cascade vertigineuse de Grey Mare's Tail plonge dans un ravin herbeux.

Les trésors scéniques du sud-ouest se trouvent pourtant plus à l'ouest, parmi les belles forêts, lacs et vallées des Galloway Hills. Ce paysage, bien qu'écossais à part entière, est plus paisible, moins tourmenté que les sauvages Highlands. Le parc forestier du Galloway, avec ses murs balisés, ses chevreuils et ses chèvres sauvages, a pour centre le superbe Glen Trool, où la Pierre de Bruce marque une ancienne victoire de Robert Bruce sur les Anglais.

Le charme du Galloway repose sur ses villes et villages intacts, et dans les attrayantes localités de

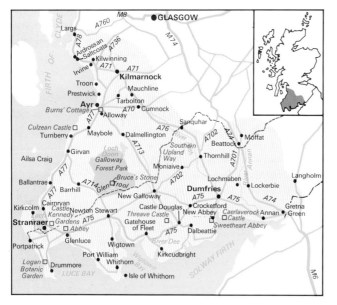

Douglas, Kirkcudbright et Gatehouse of Fleet, la lenteur du rythme de vie évoque une époque moins trépidante. Cette région bénéficie du climat le plus doux d'Ecosse, qui, ajouté à l'influence du Gulf Stream, donne toute leur beauté à des jardins parmi les plus pimpants du pays. Parmi ces joyaux, citons Threave, Castle Kennedy et les palmiers subtropicaux du jardin botanique de Logan.

Culzean Castle, dans l'Ayrshire: un des chefs-d'oeuvre de Robert Adam

Ce dernier est véritablement situé au sud-ouest de l'Ecosse, sur la presqu'île nommée le Rhinns of Galloway. Le superbe paysage marin s'étend jusqu'à la pointe sud de l'Ecosse, le Mull of Galloway, dont le joli port de PortPatrick est tourné vers la Mer d'Irlande.

Aujourd'hui, les ferries venant d'Irlande arrivent à Stranraer ou Cairnryan, mais un visiteur bien plus ancien fut St Ninian, qui fonda la première église chrétienne d'Ecosse à Whithorn, à la fin du quatrième siècle. Les fouilles archéologiques ne cessent de révéler de nouvelles traces des débuts de la chrétienté en Ecosse.

L'humble maison natale de Robert Burns à Alloway, près d'Ayr

Mais, un peu plus à l'est, ce bref tour d'Ecosse touche à sa fin. Pour nombre de jeunes mariés, cependant, la vieille forge de Gretna Green, avec son enclume nuptiale, symbolisait le début – non seulement de l'Ecosse, mais d'une nouvelle vie.

Il est juste que tant de visites de l'Ecosse commencent et s'achèvent en un lieu si romantique – car c'est, avant tout, la romance, sous toutes ses formes, qui est la vraie splendeur de l'Ecosse.

Ruines imposantes – Caerlaverock Castle

Dumfries, sur la Nith

Cascades de Grey Mare's Tail

La Pierre de Bruce domine Glen Trool

Threave Gardens, Castle Douglas

Cerf des forêts du sud-ouest

Bâteaux de pêche et de plaisance dans le port de Portpatrick, sur la Mer d'Irlande

La vieille forge de Gretna Green, cadre romantique d'innombrables mariages